El espacio

Los planetas

Charlotte Guillain

Heinemann Library
Chicago, Illinois

Editorial: Rebecca Rissman, Charlotte Guillain, and Siân Smith
Picture research: aTracy Cummins and Heather Mauldin
Designed by Joanna Hinton-Malivoire
Translation into Spanish by DoubleOPublishing Services
Printed and bound by South China Printing Company Limited

13 12 11 10 09
10 9 8 7 6 5 4 3 2 1

ISBN-13: 978-1-4329-3507-8 (hc)
ISBN-13: 978-1-4329-3514-6 (pb)

Library of Congress Cataloging-in-Publication Data

Guillain, Charlotte.
  [Planets. Spanish]
  Los planetas / Charlotte Guillain.
      p. cm. -- (El espacio)
  Includes index.
  ISBN 978-1-4329-3507-8 (hardcover) -- ISBN 978-1-4329-3514-6 (pbk.)
  1. Planets--Juvenile literature. 2. Solar system--Juvenile literature. I. Title.
  QB602.G8518 2009
  523.2--dc22

                                    2009010998

Acknowledgments
The author and publisher are grateful to the following for permission to reproduce copyright material:
©Age Fotostock p.**7**; Getty Images pp. **8** (©MPI/Stringer), **15, 17, 19, 23c** (©Stocktrek Images); Jupiter Images p.**6** (©Chris Walsh); NASA p.**10** (©JPL); Photo Researchers Inc pp.**4** (©SPL), **11** (©Science Source/NASA), **14, 16** (©Detlev van Ravenswaay), **18** (©SPL), **23a** (©Detlev van Ravenswaay); Photolibrary p.**9** (©Ron Chapple Stock); Shutterstock pp.**5** (©Zastol'skiy Victor Leonidovich), **12** (©Patrick Hermans), **13** (©Sebastian Kaulitzki), **21** (©Oorka), **22** (©Andrea Danti), **23b** (©Sebastian Kaulitzki).

Front cover photograph reproduced with permission of NASA (©JPL/USGS). Back cover photograph reproduced with permission of Shutterstock (©Patrick Hermans).

Every effort has been made to contact copyright holders of any material reproduced in this book. Any omissions will be rectified in subsequent printings if notice is given to the publisher.

Contenido

Los planetas

Los planetas están en el espacio.

El espacio queda más allá del cielo.

¿Cómo son los planetas?

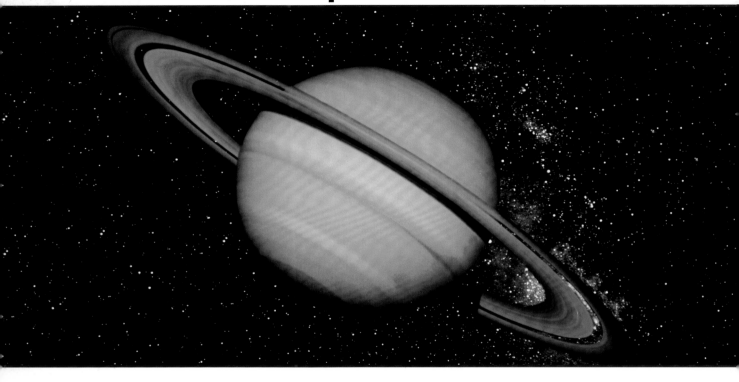

Los planetas son objetos enormes en el espacio.

Los planetas tienen forma de balón.

Algunos planetas son de roca. Mercurio, Venus, la Tierra y Marte son de roca.

Algunos planetas son de gas. Júpiter, Saturno, Urano y Neptuno son de gas.

lunas

Algunos planetas tienen lunas.

Júpiter tiene muchas lunas.

10

aros

Algunos planetas tienen aros.

Saturno tiene aros.

El sistema solar

Hay ocho planetas en el sistema solar.

el Sol

Los planetas giran, u orbitan, alrededor del Sol.

Algunos planetas quedan cerca del Sol.

Mercurio

Venus

Mercurio y Venus son planetas que quedan cerca del Sol.

Algunos planetas quedan lejos del Sol.

Neptuno

Urano

Urano y Neptuno son planetas que quedan lejos del Sol.

La Tierra

Tierra

La Tierra es un planeta.

Vivimos en el planeta Tierra.

18

La Tierra está en el espacio.

La Tierra orbita alrededor del Sol.

La Tierra tiene una luna.

¿Te acuerdas?

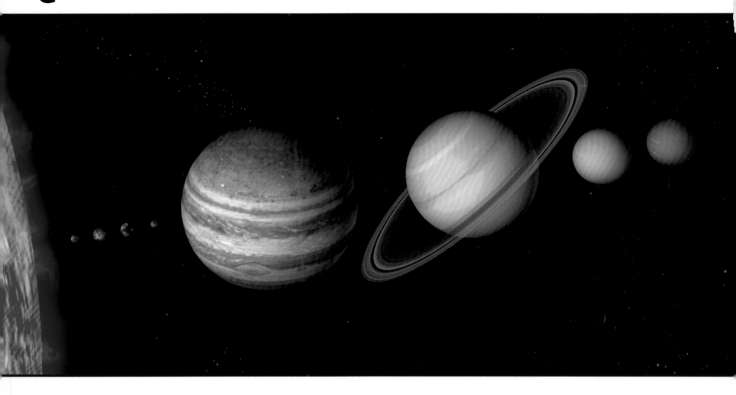

¿Cuántos planetas hay en
el sistema solar?

Respuesta en la pág. 24